Cómo ser más productivo

SERIE MANAGEMENT EN 20 MINUTOS

Actualiza rápidamente tus competencias profesionales básicas. Tanto si buscas un curso intensivo como si solo pretendes repasar brevemente tus conocimientos, la SERIE MANAGEMENT EN 20 MINUTOS te ayudará a encontrar justo lo que necesitas, es decir, un conocimiento fundamental para profesionales ambiciosos o futuros ejecutivos. Cada uno de los libros es una breve y práctica introducción que te permitirá repasar una amplia variedad de temas indispensables para la gestión de negocios, y que, además, te ofrece los consejos (sencillos, útiles y fáciles de aplicar) de los académicos más prestigiosos.

Títulos de la colección:

Cómo crear un plan de negocio

Cómo gestionar tu tiempo

Cómo dirigir reuniones de trabajo

Finanzas básicas

Cómo ser más productivo

Cómo mantener una conversación difícil

Cómo gestionar la relación con tu superior

Cómo realizar presentaciones

Cómo colaborar virtualmente

Management Tips

Cómo dirigir equipos virtuales

Cómo liderar reuniones virtuales

Los 9 secretos de la gente exitosa

Management Tips 2

Equipos innovadores

Cómo delegar

Cómo dar un feedback efectivo

Cómo evaluar resultados

SERIE MANAGEMENT EN 20 MINUTOS

Cómo ser más productivo

Prioriza las tareas
Sé más eficiente
Gestiona tu tiempo

REVERTÉ MANAGEMENT (**REM**)
Barcelona · México

HARVARD BUSINESS REVIEW PRESS

Boston, Massachusetts

Descuentos y ediciones especiales

Los títulos de Reverté Management (REM) se pueden conseguir con importantes descuentos cuando se compran en grandes cantidades para regalos de empresas y promociones de ventas. También se pueden hacer ediciones especiales con logotipos corporativos, cubiertas personalizadas o con fajas y sobrecubiertas añadidas.

Para obtener más detalles e información sobre descuentos tanto en formato impreso como electrónico, póngase en contacto con revertemanagement@reverte.com o llame al teléfono (+34) 93 419 33 36.

Cómo ser más productivo
SERIE MANAGEMENT EN 20 MINUTOS
Getting Work Done
20 MINUTE MANAGER SERIES

Copyright 2014 Harvard Business School Publishing Corporation
All rights reserved.

© **Editorial Reverté, S. A., 2021, 2022, 2023, 2024, 2025**
Loreto 13-15, Local B. 08029 Barcelona – España
revertemanagement@reverte.com

6ª impresión: enero 2025

Edición en papel
ISBN: 978-84-17963-36-1

Edición ebook
ISBN: 978-84-291-9649-8 (ePub)
ISBN: 978-84-291-9650-4 (PDF)

Editores: Ariela Rodríguez / Ramón Reverté
Coordinación editorial y maquetación: Patricia Reverté
Traducción: Irene Muñoz Serrulla
Revisión de textos: Mª del Carmen García Fernández

Estimado lector, con la compra de ediciones autorizadas de este libro estás promoviendo la creatividad y favoreciendo el desarrollo cultural, la diversidad de ideas y la difusión del conocimiento. Al no reproducir, escanear ni distribuir ninguna parte de esta obra por ningún medio sin permiso estás respetando la protección del copyright y actuando como salvaguarda de las creaciones literarias y artísticas, así como de sus autores, permitiendo que Reverté Management continúe publicando libros para todos los lectores. En el caso que necesites fotocopiar o escanear algún fragmento de este libro, dirígete a CEDRO (Centro Español de Derechos Reprográficos, http://www.cedro.or). Gracias por tu colaboración.

Impreso en España – *Printed in Spain*
Depósito legal: B 17294-2021

Impresión: Liberdúplex
Barcelona – España

Introducción

Seguro que en tu labor profesional cada vez tienes más exigencias y no dispones de tiempo para todo. Los objetivos poco claros, las constantes interrupciones y las tareas urgentes compiten por tu atención; como consecuencia, sabes que estás trabajando con menos eficacia de la que podrías. Este libro te enseñará a centrarte y organizarte mejor en el trabajo para lograr una mayor productividad. Con este fin te enseñaremos cómo:

- Establecer prioridades.

- Elaborar listas de tareas útiles.

- Organizar tu espacio de trabajo (físico y virtual).

- Fijar una rutina diaria y cumplirla.

Introducción

- Mantener la concentración y dejar de procrastinar.
- Trabajar de forma más eficaz con los demás.
- Evaluar tus progresos.

Contenido

¿Por qué deberías invertir tiempo en incrementar tu productividad?   1

Comprométete a cambiar   5

Identifica lo que hay que hacer   9

Enumera tus objetivos   11

Controla tu tiempo   13

Planifica el trabajo   19

Establece prioridades   21

Utiliza los plazos a tu favor   25

Programa tus tareas   28

Elabora una lista diaria de tareas pendientes   32

Encuentra tu sitio   37

Organiza tu espacio   39

Organiza tu correo electrónico   42

Crea buenos hábitos   45

Contenido

Mantén los buenos hábitos   51
Deja de procrastinar   53
Evita las interrupciones   56
Trabaja menos   63

Trabaja de manera eficaz con otras personas   65
Aprende a decir «no»   68
Delega   70
Pide ayuda   75
Incrementa la productividad de las reuniones   77
Mejora la eficacia del trabajo virtual   79

Evalúa tus progresos   85
Reflexiona y corrige   87

Para saber más   *91*
Fuentes   *95*
Índice   *103*

Cómo ser más productivo

¿Por qué deberías invertir tiempo en incrementar tu productividad?

¿Por qué deberías invertir tiempo en incrementar tu productividad?

¿Te abruma tanto el trabajo que no sabes por dónde empezar? Aunque seas consciente de lo esencial de trabajar de forma eficaz para asegurarte de hacerlo todo, esas sensaciones pueden paralizarte y llevarte a una espiral de pánico que disminuya tu productividad. ¿Cómo puedes salir de ese bucle y ponerte en marcha?

En este libro comenzaremos destacando los aspectos básicos de la gestión del tiempo: cómo hacer un seguimiento, priorizar y registrar tu trabajo para detectar deficiencias y saber en qué puntos no estás cumpliendo tus objetivos. A continuación, te mostraremos cómo planificar tus actividades y generar listas útiles de tareas, organizar tu espacio físico y virtual para lograr una mejor concentración, aprender buenos hábitos y trabajar de un modo más eficaz con otras personas.

Tu primera reacción puede ser rebelarte contra esto. Apenas tienes tiempo, ¿por qué vas a gastarlo elaborando listas, planificando y ejecutando cambios en tus hábitos de trabajo, y haciendo un seguimiento de tus avances? Bien, es cierto que incrementar tu productividad requerirá tiempo y esfuerzo al principio, pero a la larga obtendrás más beneficios, y lo harás de forma más consciente y con mayor confianza. Así, al hacer un seguimiento de tu labor descubrirás los aspectos en los que eres menos eficiente, y eso a su vez te ayudará a identificar qué tareas debes priorizar y cuáles delegar; así mismo, al organizarte mejor eliminarás distracciones, podrás dejar de procrastinar y conseguirás centrarte; al ajustar tus hábitos y crear algunos nuevos hallarás una reserva de energía que podrás dedicar a lo relevante; y, por último, al evaluar tus progresos podrás adaptar tu forma de trabajar conforme los objetivos cambien.

Comprométete a cambiar

Es básico que creas que *puedes* organizarte mejor, cambiar tus hábitos e incrementar tu rendimiento. Quizá pienses que naciste para trabajar de una manera concreta o que tienes tan arraigada tu forma de actuar que no la puedes modificar: o eres una persona madrugadora o no lo eres; o te organizas bien o te desenvuelves mejor en el caos y el desorden. Bien, eso no es cierto: los buenos hábitos pueden aprenderse y, mejor aún, pueden convertirse en rutina.

En nuestro mundo actual, basado en la comunicación instantánea, nos atrae la urgencia; y además nos da una falsa sensación de productividad. (Véase el cuadro siguiente, «Estar ocupado no significa ser productivo»). En cambio, poner en marcha sistemas para organizarte será lo que te ayude a reducir el estrés y te permitirá trabajar con más previsión, concentración y energía. Y, lo más importante, te proporcionará tiempo y concentración para emplearlos en las cuestiones más relevantes, a

ESTAR OCUPADO NO SIGNIFICA SER PRODUCTIVO

¿Corres de una reunión a otra, respondiendo a toda velocidad correos electrónicos mientras recorres los pasillos y te dedicas a tareas rutinarias para sentirte mejor? Si es así, puede que no seas una persona tan productiva como crees.

Es hora de hacer balance de tu trabajo y de tus prioridades. Ese ajetreo constante puede ser una forma peligrosa de compensar la falta de objetivos claros o la sensación de que no eres la persona adecuada para tu puesto o tu empresa. Puedes organizar tu agenda en un intento de hacer que tanto tú como los demás percibáis valor en ti, pero estar siempre ocupado también te impedirá desarrollar tu verdadero potencial. Así que... admite que ha llegado el momento de mejorar tu forma de trabajar.

¿Por qué deberías invertir tiempo en...

aquello que de verdad contribuye a la consecución de tus objetivos, tanto los personales como los que haya fijado tu empresa.

Para entender qué aspectos de tu trabajo son prioritarios y cómo puedes ser más eficiente primero has de identificar tus objetivos y analizar cómo empleas el tiempo. Empezaremos por ahí.

Identifica lo que hay que hacer

Identifica lo que hay que hacer

¿Cuáles son tus objetivos en el trabajo? La forma en la que inviertes el tiempo ¿se corresponde con esos objetivos? Sin respuestas a estas preguntas no sabrás cómo priorizar, organizarte y, en última instancia, llevar a cabo las numerosas tareas de tu lista.

Enumera tus objetivos

Lo ideal es que te reúnas con tu jefe a principios de año para formular una serie de objetivos de rendimiento. A partir de esa conversación debes entender cómo se relacionan tus objetivos con los de la empresa y con la misión de esta. Es probable que también tengas algunas metas profesionales propias. Un ejemplo de lista de objetivos puede ser el siguiente: «Mejorar las habilidades de gestión de personal; gestionar el lanzamiento de seis nuevos productos; supervisar los contratos de los nuevos productos del departamento; desarrollar habilidades de trato con proveedores».

Repásalos y toma nota de ellos, en un papel o en formato electrónico, como prefieras. Los vas a utilizar de dos maneras: primero, para priorizar tareas; y segundo, para medir tus avances (en otras palabras, para evaluar tus logros y saber si los cambios que apliques tras leer este libro te resultan útiles). Si consultas esta lista con regularidad podrás identificar las principales tareas que debes cumplir y, así, las planificarás de manera adecuada.

Controla tu tiempo

Una vez identificados tus objetivos, es hora de analizar cómo empleas el tiempo. ¿Te dedicas a aquello que *deberías* hacer —es decir, lo que te permitirá alcanzar esas metas— o te atascas en tareas no relacionadas o resolviendo crisis inesperadas?

Para saber de verdad en qué inviertes tu tiempo e identificar si debes ajustar tu carga de trabajo, haz un seguimiento de tu labor durante dos semanas mediante el siguiente ejercicio. Así, tal vez descubras que tus resultados no se adecúan a los objetivos. La cuestión es detectar dónde se produce ese desajuste para poder corregirlo.

En primer lugar, anota tus actividades. Considéralo un volcado de ideas, no dejes piedra sin remover. Es decir, apunta todas las tareas que llevas a cabo, las reuniones a las que asistes e incluso el tiempo que ocupas en socializar o en procrastinar en el trabajo. Puede serte útil repasar tu agenda de la última o dos últimas semanas para hacerte una idea de tu abanico de actividades.

Una vez que tengas una lista completa, divídela en categorías generales para controlar la cantidad de tiempo que destinas a las tareas de cada una. Algunas posibles categorías son:

- *Responsabilidades principales*: tareas cotidianas que constituyen el núcleo de tu trabajo.

- *Crecimiento personal*: actividades y proyectos que consideras significativos y valiosos, pero que no forman parte de tus responsabilidades diarias.

- *Gestión de personas*: se refiere a tu trabajo con los demás, incluyendo a tu equipo, tus colegas de otros departamentos y tus superiores.

- *Crisis y «fuegos»*: interrupciones y asuntos urgentes que surgen de forma ocasional e inesperada.

- *Tiempo libre*: son las pausas para comer y el tiempo que dedicas a escribir correos electrónicos personales, navegar por internet o consultar las redes sociales.

- *Tareas administrativas* necesarias y cotidianas, como aprobar horarios o facturas, o elaborar informes de gastos.

Esa panorámica de tu trabajo por categorías te ayudará a visualizar en qué empleas el tiempo, y solo con esto puede que ya te hagas una idea de si tu labor se ajusta a los objetivos que has identificado.

A continuación, controla tu tiempo. Una vez establecidas tus categorías, empieza a registrar el tiempo que inviertes en cada tarea. Puedes hacerlo por horas o ir más al detalle, anotando los minutos. Para ello, utiliza una herramienta de seguimiento online o un calendario; luego, para analizar los resultados, emplea una hoja de cálculo como la que se muestra en la Tabla 1. Anota cada categoría en una columna y los días de la semana en las filas. Luego registra el tiempo que empleas en las tareas de cada categoría en las dos semanas siguientes y apunta los totales en las categorías correspondientes.

TABLA 1

Herramienta de seguimiento del tiempo

Semana que finaliza el 14/04	Responsa-bilidades principales	Crecimiento personal	Gestión de personas	Crisis y «fuegos»	Tiempo libre	Tareas administrativas	Total tiempo/día
Lunes	2 h	1 h	3 h	0 h	0 h	2 h	8 h
Martes	3 h	1 h	4 h	0 h	0 h	2 h	10 h
Miércoles	7 h	0 h	0 h	1 h	0 h	2 h	10 h
Jueves	0 h	3 h	3 h	0 h	0 h	2 h	8 h
Viernes	1 h	2 h	0 h	1 h	3 h	2 h	9 h
Tiempo total	13	7 h	10 h	2 h	3 h	10 h	45 h
% de tiempo	29 %	16 %	22 %	4 %	7 %	22 %	100 %

Identifica lo que hay que hacer

Llegados a este punto, es posible que pienses: «Tengo demasiadas ocupaciones, no me sobra tiempo para registrar todo lo que hago». Es cierto, ya hemos mencionado antes que este sistema implica una inversión inicial de tiempo y esfuerzo.

Pero anotar las tareas y lo que tardas en completarlas te permitirá ver con claridad a qué dedicas demasiado tiempo y por dónde debes empezar a reasignarlo para alcanzar tus objetivos. Si, por ejemplo, quieres mejorar tus habilidades de gestión de personal, tal vez invertir en ello diez horas a la semana no sea suficiente y tengas que redistribuir algunas tareas administrativas para disponer del margen necesario para enfocarte en ese objetivo. Así, introduciendo pequeños cambios en tu actividad cotidiana garantizarás invertir la cantidad adecuada de tiempo en las tareas principales, lo que, a su vez, facilitará la consecución de tus objetivos.

Planifica el trabajo

Planifica el trabajo

Ahora que sabes cuáles son tus objetivos y has identificado a qué debes destinar más o menos tiempo, es el momento de abordar tu lista de tareas; es decir, las prioridades, proyectos y actividades que debes cumplir en el futuro inmediato. En primer lugar, identifica lo más importante que tengas que hacer y, a continuación, decide cuándo hacerlo.

Establece prioridades

Revisa tu lista de tareas pendientes —que habrás apuntado en notas adhesivas, en un cuaderno o en avisos de calendario— y determina qué es lo más relevante y qué lo más urgente.

Este paso es esencial, porque sin una distinción clara entre lo importante y lo que no lo es tanto puede que consideres urgentes todos los elementos de tu lista y las peticiones que te vayan llegando. Pero «urgente» e «importante» no es lo mismo. Por tanto, si te centras en los objetivos podrás distinguir lo que *parece* urgente pero no lo es.

Sin ir más lejos, los correos electrónicos en los que el remitente exige una respuesta inmediata, pero sin dar una razón específica; esos proyectos que parecen sencillos, pero que se acaban complicando; y tareas sin importancia que son más atractivas que otras que sí hay que hacer: todas estas actividades suelen parecer urgentes (aunque no lo sean).

De modo que resiste la tentación de dejarte arrastrar por ellas. En algunos casos sí requerirán tu atención inmediata —por ejemplo, un encargo de tu jefe con un plazo de entrega muy ajustado—, pero en otros podrán esperar hasta que hayas terminado otras cosas más fundamentales. Por tanto, evalúa cada elemento de tu lista de tareas en función de su importancia —en qué medida se ajusta a tus objetivos y a la forma en que deseas emplear tu tiempo— y de su verdadera urgencia; para ello, básate en las cuatro categorías siguientes (que fueron definidas por el experto en productividad Stephen Covey):

1. *Es urgente e importante*. Se trata de las crisis a las que debes hacer frente con un plazo muy ajustado: un problema surgido en un producto que gestionas o en el sitio web que mantienes, o con un cliente clave, por ejemplo. Estos asuntos deben ser siempre tu máxima prioridad.

2. *No es urgente, pero sí importante*. Estas tareas tienen un gran impacto en ti o en tu organización, pero no son necesariamente urgentes. Es probable que estén muy relacionadas con tus objetivos: el aprendizaje de una nueva habilidad o el trabajo en un gran proyecto, por ejemplo. Como no son urgentes, tal vez no les dediques suficiente tiempo de manera habitual, por lo que debes convertirlas en tu segunda prioridad.

3. *Es urgente, pero menos importante.* Tareas que deben hacerse con rapidez, pero hay menos consecuencias si se terminan tarde o no se hacen nunca. A la hora de considerar si algo es menos relevante, asegúrate de tener en cuenta su impacto potencial no solo para ti, sino también para tu equipo o tu empresa. Esta debería ser tu tercera prioridad.

4. *No es urgente ni importante.* Son las tareas que no requieren atención inmediata. Por tanto, deben ser tu última prioridad. (Véase el apartado «Aprende a decir "no"», más adelante en el libro, para saber cómo reconocer las peticiones de tus colegas que no debes aceptar).

Al priorizar las tareas de este modo serás capaz de identificar lo que hay que hacer primero y lo que puede posponerse. Esto te ayudará a establecer plazos reales y a decidir cuándo hacer qué tareas.

También te permitirá ver qué trabajo puedes hacer tú y qué es mejor delegar. (Véase el apartado «Delega», más adelante en este libro). Los elementos de menor prioridad suelen ser los susceptibles de ser asignados a otras personas. Este es el camino más rápido para ganar un tiempo que podrás emplear en tareas de mayor importancia.

Utiliza los plazos a tu favor

Ahora que ya sabes qué tareas son las más relevantes y las que debes hacer en primer lugar (o en último), es el momento de plantearte cuándo hacerlas.

Al planificar cualquier tipo de proyecto (incluso uno sin fecha límite), lo adecuado es fijar plazos realistas y significativos, ya que los plazos son un factor de presión sobre todos los implicados, pero además resultan cruciales para poner en marcha un proyecto. Ciertas tareas pueden venir ya con una fecha límite —por ejemplo, un informe que debes entregar el viernes a mediodía—, pero para otras no hay que temer poner tus propios plazos y comprometerte a cumplirlos de acuerdo con tus prioridades.

Si tienes que fijar un plazo, divide el proyecto en tareas manejables y anota el tiempo que te llevará cada paso; esto te ayudará a garantizar que has asignado el lapso adecuado a cada tarea. Ten en cuenta lo que tardaste antes con algo similar, piensa en lo que podría salir mal y reserva un tiempo para cambiar de rumbo si fuera necesario. Si el proyecto es nuevo para ti, pide consejo a alguien que haya trabajado en uno parecido. ¿Podrías, por ejemplo, compartir tus estimaciones con tu jefe para que te dé su opinión? ¿Trabajas con un colega o con un proveedor externo que pueda ayudarte a calcularlo mejor? Si te haces siempre estas preguntas, lo más probable es que la dedicación que asignes a cada tarea sea realista.

Dividir un proyecto en etapas, con fechas de entrega parciales, garantizará que se dedique tiempo a cada fase; además, estos plazos intermedios evitarán que dejes el grueso del trabajo para el último momento. Por otra parte, obtendrás cierta sensación de logro al cumplir cada etapa según el calendario previsto y

Planifica el trabajo

evitarás el pánico que surge cuando dejas algo para última hora.

Ahora bien, aunque los plazos facilitan en general la realización del trabajo a tiempo, también pueden acarrear presiones y frustraciones; por ejemplo, suelen pasar factura si no son realistas, así que haz lo posible por asignar un periodo suficiente a cada tarea, sobre todo si necesitas explorar nuevas ideas o pensar de forma creativa.

Claro que también resulta tentador darse un tiempo de más para evitar la presión, pero ampliar los plazos por sistema tampoco es bueno ni útil; al hacerlo pierdes la motivación, dejas las cosas para más tarde y no tienes margen para reaccionar si algo no sale como habías planeado. Así que, una vez fijado un plazo, cúmplelo; concederte una prórroga porque sí tendrá un efecto en cascada sobre el resto de tus tareas. Es mejor que diseñes un plan realista y lo cumplas.

A continuación, añade los plazos de cada tarea a tu calendario. Incluso si las has registrado en un cuadro aparte, te será útil tenerlas delante todo el rato; así sabrás de un vistazo si te has pasado de tiempo y te servirán de recordatorio para los próximos hitos a medida que se acerquen.

Programa tus tareas

Ahora que sabes qué trabajo hay pendiente y has fijado plazos para cumplirlo, debes decidir cuándo hacerlo. Esto es algo que hay que considerar como mínimo al comienzo de la semana, pero también a diario, bien a primera hora o bien al final de la jornada, para considerar las nuevas tareas que van surgiendo y también lo que hayas hecho ese día (o el anterior).

Así, observando los distintos plazos y el cronograma general, planifica cada momento de tu trabajo. Un ejemplo sería «redactar la propuesta de marketing el miércoles a las 15:00 horas». Anotar las actividades te ayudará a saber si es factible cumplirlas en el plazo previsto. Los proyectos grandes también te resultarán más abordables si están repartidos en días concretos.

Las consideraciones que debes tener en cuenta en esta cuestión son las siguientes:

- Sitúa las tareas más exigentes e importantes al principio de la jornada; es cuando la gente suele estar más fresca y llena de energía, y además aún no te habrán llegado otras demandas. También, si te ocupas de ellas primero, tendrás una sensación de logro que te permitirá cumplir otras menos engorrosas combinándolas con los demás compromisos del día.

- Del mismo modo, ten en cuenta tus niveles de energía a lo largo de la jornada y programa tareas fáciles entre las difíciles para recompensarte y darte un respiro cada cierto tiempo.

- Si tienes que hacer varias cosas similares en una misma semana, intenta agruparlas; por ejemplo, junta los informes de tus viajes o la facturación. Así será más gratificante y te ayudará a cumplir los plazos. Otra cosa conveniente es minimizar el cambio de un tipo de tarea a otro, porque esos saltos pueden mermar tu eficiencia.

Bien es cierto que a medida que añadas tareas a tu calendario te darás cuenta de que no hay suficientes horas en el día para hacerlo todo. Por eso este ejercicio te obliga a priorizar lo fundamental y a programar lo que no lo es para otros momentos.

Es posible, también, que queden elementos en tu lista pendientes de programar, esas típicas tareas que siempre se aplazan. A veces son de tipo administrativo —como la generación de un sistema para archivar los contratos con los proveedores— o están relacionadas con objetivos a largo plazo, como plantear una lluvia de ideas para diseñar un nuevo producto. Bien, dedica un momento a revisar esas tareas y decidir qué hacer con ellas. Tienes varias opciones:

1. *Hazla ahora.* ¿No sería estupendo tachar esa tarea de la lista, aunque no sea prioritaria? Simplemente hazla y sigue adelante: responde a ese mensaje, cancela esa reunión o reserva ese vuelo. Y luego pasa a otros asuntos más importantes.

2. *Déjala para* más *adelante.* Quizá hayas considerado que la tarea no requiere atención inmediata y que tampoco puedes resolverla ahora mismo, pero aun así debe hacerse. Bien, pues apúntala en tu agenda para otro día y ajusta los plazos de acuerdo con la fecha límite. Porque, seamos realistas, si no lo haces nunca abordarás esa tarea, así que aunque la programes para dentro de un mes, hazlo. Ya lo reconsiderarás, si hace falta, llegado el momento.

3. *Cancélala.* Si no ves factible resolver la tarea o reprogramarla, quizá es que nunca vayas a llegar a ella. Esto es una clara señal de que, sea lo que sea,

no se trata de una prioridad. Vale, pues admítelo, habla con tu responsable si es necesario y pídele permiso para cancelar esa tarea, para eliminarla de tu lista, ya sea delegándola o decidiendo que no es necesario hacerla.

Ahora que ya has organizado y priorizado tus tareas, y que has cancelado las que no tienes tiempo de hacer, es el momento de crear tu lista de tareas pendientes.

Elabora una lista diaria de tareas pendientes

Como último paso del proceso, echa un vistazo a tu agenda: ¿qué tienes que hacer hoy? Si ya has programado la dedicación para cada tarea, hacer la lista de asuntos pendientes debería ser bastante sencillo. Existen dos claves para manejar con éxito estas listas.

En primer lugar, divide tus tareas. Una tarea pendiente es una actividad que hará avanzar un proyecto o la consecución de un objetivo. (Este concepto debería resultarte familiar por lo que ya has hecho para fijar plazos). Por ejemplo, si tu tarea es diseñar un plan de producción para un catálogo, una subtarea puede ser enviar un correo electrónico al impresor y fijar una fecha de entrega. Así, el ejercicio de crear una lista de tareas pendientes te recuerda los pasos que debes dar para cumplir tus objetivos cotidianos.

En segundo lugar, procura especificar lo más posible. Es decir, no te dejes notas «en clave». Porque quizá hayas anotado: «Quedar a comer con Elsa», pero cuando llegas a ese punto ya no recuerdas cuál era el objetivo de esa cita o cuándo querías tenerla. Así que concreta más, para que quede claro por qué es relevante la tarea. En el ejemplo anterior podría ser algo así: «Quedar a comer con Elsa a la una de la tarde para hablar de la próxima reunión con el cliente».

Ahora, para elaborar una lista física:

1. *Escríbela en una tarjeta o en un rectángulo de papel.* Así podrás llevarla contigo y verla en todo

momento. Además, si usas un papel de una forma o tamaño especial, destacará entre los demás de tu mesa.

2. *Apunta la fecha de vencimiento junto a la tarea.* Te servirá de recordatorio para saber cuánto tiempo tienes.

3. *Destaca tus prioridades.* Los códigos de colores te ayudarán a centrarte en las tareas más importantes.

Te recomendamos, además, que mientras estés trabajando eches un vistazo de vez en cuando a tu lista de tareas pendientes; cada hora más o menos estaría bien. Cuando lo hagas, plantéate: ¿sigue siendo factible? ¿Debo priorizar o reprogramar algunas tareas? Si efectúas esta revisión cada poco, controlarás mejor tu tiempo y sacarás adelante más trabajo.

Otra buena idea es recompensarte por tus esfuerzos. Así, cada tres tareas que taches de la lista puedes tomarte un descanso o abordar una más fácil a continuación.

Además, la sensación de logro y recompensa mantendrá alta tu motivación.

En cualquier caso, si te tomas el tiempo necesario para entender tus objetivos y cómo gestionas tu jornada laboral, y luego priorizas y asignas dedicación a cada actividad, podrás elaborar listas de tareas realistas, que te garantizarán hacer lo correcto en el momento adecuado. Vayamos, pues, al siguiente paso: mejorar tu forma de trabajar «encontrando tu sitio» y desarrollando buenos hábitos.

Encuentra tu sitio

Encuentra tu sitio

Ya has fijado tus objetivos y prioridades; y tu lista de tareas está preparada. Ahora pasaremos a organizar tu entorno, tanto físico como virtual, de manera que puedas concentrarte más en cada tarea. También nos fijaremos en la forma en que planificas tu jornada, fijando rutinas que minimicen la cantidad de decisiones que necesites tomar y, por tanto, maximicen tu energía disponible para hacer lo prioritario.

Organiza tu espacio

Si no eres capaz de encontrar una lista de tareas en tu mesa de trabajo porque está enterrada bajo el desayuno, escondida en una montaña de papeles o garabateada en el reverso del horario de actividades extraescolares de tu hijo, lo más probable es que no taches demasiadas tareas en ella; es decir, seguro que no las cumplirás. Es, por tanto, básico que tu espacio físico de trabajo sea adecuado para llevar a cabo tus tareas. A continuación, te explicaremos cómo crear un entorno laboral más tranquilo y que promueva la eficiencia:

1. *Acaba con el desorden.* Cuando empieces con cada elemento de tu lista de tareas, tómate el tiempo necesario para archivar o tirar lo que no sea relevante para la actividad en cuestión. Un espacio despejado favorece la capacidad física y mental para trabajar y elimina las distracciones.

2. *Mantén lo que necesitas al alcance de la mano.* Si utilizas la grapadora una vez al mes, mejor guárdala en un cajón. En cambio, si recurres a un determinado manual a diario, tenlo junto al teclado del ordenador. Y si ves que hay algo encima de la mesa que no has usado en toda la semana, guárdalo o deshazte de ello.

3. *Agrupa el material de oficina.* Es decir, guarda las grapas junto a la grapadora y el celo con el portacelo. Así ahorrarás tiempo en buscar esos elementos cuando los necesites.

4. *Usa una «bandeja de entrada» física.* Despeja tu puesto de cualquier papel, paquete o nota que te dejen tus colegas cuando no estés, y habilita una bandeja para poner los documentos importantes. Revísala al final de cada jornada y déjala preparada para el día siguiente; de lo contrario, será otra fuente de desorden.

5. *Busca tu comodidad.* ¿Están la silla y el monitor a una altura adecuada para ti? ¿Tu entorno es agradable a la vista? Pasas mucho tiempo en tu puesto de trabajo, así que organízalo de una manera que te resulte cómoda.

Una vez que hayas efectuado algunos de estos cambios, vuelve a evaluar tu entorno pasada una semana más o menos. ¿Te funciona? ¿Buscas una y otra vez el bloc de notas que cambiaste de sitio? ¿Dejas los bolígrafos por todas partes porque la taza donde los guardabas está ahora fuera de tu alcance? Ten en cuenta estos detalles para hacer los ajustes necesarios en tu espacio y así garantizar la máxima comodidad y eficiencia.

Organiza tu correo electrónico

El correo electrónico es una herramienta que ha traído muchos beneficios al mundo laboral. Con él siempre estás accesible —para tu jefe, tus colegas, los clientes y tus seres queridos— y te da la oportunidad de trabajar a distancia, de colaborar con referentes de todo el mundo y de hacer tu labor con mayor rapidez.

Pero también puede repercutir de forma negativa en la eficacia. Esto es así porque el constante soniquete de las notificaciones de mensajes entrantes o una bandeja de entrada desbordada suponen grandes distracciones; además, se suele gastar mucho tiempo en filtrar, clasificar y eliminar mensajes.

Por tanto, igual que has invertido un rato en despejar tu espacio físico, haz lo mismo con el virtual:

1. *Limpia la bandeja de entrada.* Clasificar los correos electrónicos por remitente te ayudará a reducir la acumulación de mensajes que no necesitas o que ya has respondido.

2. *Crea tres carpetas: de seguimiento, de espera y de archivo.* Un buen sistema de clasificación funciona online igual que en formato físico. Así que crea tres carpetas para guardar los mensajes de la bandeja de entrada: *seguimiento*, en la que pondrás aquellos mensajes que necesiten más tiempo para ser respondidos; *espera*, para los que tienen que ver con un evento futuro, como una invitación a un acto, reunión o curso; y *archivo*, para aquellos a los que ya respondiste, pero de los que quieres llevar un registro. A partir de ahora, mueve cada mensaje que recibas a una de esas carpetas.

3. *Vuelve a empezar.* Si no tienes tiempo ahora para revisar toda la bandeja de entrada, no lo hagas, crea otra carpeta para los correos antiguos y empieza de cero con una nueva bandeja de entrada. Más adelante, cuando tengas un hueco, entra en esa carpeta de archivo y empieza a borrar y organizar. Haciéndolo así no perderás ningún mensaje que puedas necesitar en el futuro y gestionarás mejor los nuevos.

Si tras seguir estos pasos sigues necesitando ayuda para manejar la sobrecarga de mensajes, prueba a usar el gestor de tareas de tu aplicación de correo. Estos sistemas te permiten separar las tareas del resto de mensajes, de modo que estos no «atasquen» tu bandeja de entrada. También puedes probar con un gestor independiente; hay muchas opciones disponibles, tanto para Mac como para PC.

En definitiva, organizar tu espacio de trabajo (físico y digital) te ayudará a ser más eficiente, ya que podrás centrarte en lo que tienes entre manos y encontrar más rápido lo que buscas.

Crea buenos hábitos

Bien, ya has organizado tu lista de tareas y tu espacio; piensa ahora en el transcurso de un día cualquiera: ¿te atascas en decisiones sin importancia, como qué ropa ponerte, cuándo consultar el correo o dónde comer? Para centrar tu atención y energía en lo fundamental, lo mejor es que generes una estructura replicable para cada día; en otras palabras, que fijes ciertos hábitos.

Piénsalo bien: cuantas más decisiones tengas que tomar cada día, más te cansarás. En cambio, disponer de una rutina te ayudará a limitar el número de decisiones, de modo que podrás reservar el máximo de energía para el trabajo. Es decir, si pones algunas de tus decisiones en «piloto automático» tendrás más recursos cuando te enfrentes a elecciones difíciles.

Comienza por identificar tus patrones de trabajo. Por ejemplo, es posible que empieces el día revisando el correo electrónico y el buzón de voz del teléfono, y respondiendo a los mensajes más relevantes antes de pasar a otras tareas. Tal vez también dediques un tiempo después de la comida a leer noticias de tu sector. Identificar esas costumbres te ayudará a saber qué funciona en ellas y qué no, para poder ajustarlas. A lo mejor descubres que ponerte a leer artículos en internet después de comer te distrae del trabajo durante el resto de la tarde; en un caso así, quizá sea más adecuado dejar esa puesta al día de las novedades para el final de la jornada.

Si aún no tienes ningún hábito —o quieres añadir alguno a los que ya te funcionan— considera estas sugerencias:

- *Comienza la jornada temprano.* En lugar de insistir en que no eres una persona madrugadora, inténtalo. Hay gente para la que madrugar es levantarse a las 5 de la mañana, cuando los niños aún duermen y la oficina está tranquila. En cambio, en ciertas empresas con horario flexible puede ser temprano las 9 de la mañana, si el resto del personal suele llegar a las 10. Habla con tu jefe para ver si es posible adaptar tu horario y que puedas empezar pronto. Con independencia de la hora que elijas, te sentirás a tope de energía al ver todas las tareas extra que puedes tachar de tu lista antes del mediodía.

- *Empieza por ti.* Tómate un momento al principio del día, antes de sumergirte en tu lista de tareas, para hacer una pausa y tomar conciencia de tus obligaciones. Esto te permitirá apreciar lo que vas a hacer y concentrarte en ello.

- *Trabaja en intervalos de 90 minutos.* Céntrate en una tarea (o un grupo de tareas), sin interrupción, durante hora y media; es el intervalo óptimo para mantener la concentración. Después, tómate un descanso para reponer fuerzas antes de pasar a la siguiente.

- *Repasa tu día.* Al final de la jornada, cuando *desconectes*, revisa tu lista de tareas. ¿Lo has hecho todo? ¿Han sido realistas tus expectativas? Este repaso te ayudará a determinar si estás gestionando el tiempo y las actividades de forma adecuada o si, por el contrario, necesitas darle una vuelta a tu planificación.

Ahora ve un paso más allá y crea otros hábitos fuera de la oficina:

- *Duerme bien.* Fija una hora para acostarte y trata de dormir las mismas horas todas las noches. Así llegarás a la oficina habiendo descansado bien y con la energía suficiente para trabajar.

- *Planifica tus comidas y tu vestuario.* Ya hemos visto que si tienes que decidir cada día qué ponerte, qué desayunar y qué almorzar, estarás gastando más energía de la cuenta. En cambio, si organizas tu vestuario al principio de la semana y preparas tus menús con antelación, ahorrarás tiempo que podrás invertir en tomar decisiones de mayor calado.

Encuentra tu sitio

Al reorganizar tu espacio y reestructurar tu día a día, crearás un entorno de trabajo que te dará energía para abordar las tareas más relevantes. El siguiente paso es mantener esa concentración a pesar de las interrupciones y distracciones. Esto es lo que veremos en el siguiente capítulo.

Mantén los buenos hábitos

Mantén los buenos hábitos

L legados a este punto, has priorizado, te has organizado, has identificado las costumbres adecuadas para trabajar con la mayor eficacia posible. Pero todavía puedes desviarte del rumbo si no tienes cuidado.

Para mantener la concentración, tienes que entender primero por qué te distraes; identificar aquello que te lleva por el mal camino te ayudará a ejercer un mejor control sobre tu atención.

Deja de procrastinar

Seguro que de vez en cuando te dejas llevar por las distracciones porque hay una determinada tarea a la que no te apetece hacer frente. Pero que la evites no significa que se vaya a hacer sola. Es básico entender en qué se basa el impulso de procrastinar, para poder evitarlo cuando aparezca.

La inclinación a retrasar el cumplimiento de una tarea puede deberse a que tienes demasiadas cosas que hacer (cuanto más tengas que hacer, más fuerte será tu tendencia a enterrar la cabeza en la arena y posponerlo). También puede deberse a que no te gusta una tarea concreta o no sabes cómo hacerla o por dónde empezar. Averigua el motivo: eso te ayudará a determinar los siguientes pasos, ya sean ponerte a ello de una vez o pedir ayuda a un colega o a tu jefe.

Te presentamos a continuación tres consejos para concentrarte en la tarea que tienes entre manos, incluso cuando no te apetece hacerla:

- *Márcate plazos con antelación.* Resiste la tentación de pasar en vela la noche antes de la entrega; eso tal vez te sirviera en la universidad, pero no vale para el trabajo. Como ya sabes, registrar tareas (y subtareas) en un cronograma controlará tu tendencia a dejarlo todo para el último momento. Al ver esos elementos te sentirás responsable de ejecutar cada uno en un plazo determinado, y a cambio obtendrás la satisfacción del deber cumplido.

- *Recompénsate.* Tómate un café o ve a hablar con alguien una vez que termines una tarea especialmente temida; o deja lo que te gusta hacer para cuando hayas cumplido con lo que no te gusta. Si un día no consigues concentrarte, date un premio (incluso en metálico) por cada tarea que completes, y luego utiliza ese dinero para comprarte algo que te haga ilusión tener; esa promesa de obtener una recompensa incrementará tu motivación.

- *Busca ayuda.* Si el problema es que no sabes cómo abordar un proyecto, procura trabajar con un colega que pueda echarte una mano. Compartir la labor con otra persona no solo te liberará en parte, sino que también te obligará a ser más responsable, ya que el temor a defraudarla te hará avanzar. Y quizá descubras que, con ayuda, la tarea se vuelve más divertida.

Si has probado todas estas estrategias y sigues sin poder empezar, puede que tengas miedo al riesgo que implica el proyecto, a la posibilidad de fracasar. Pero, si lo piensas bien, tampoco conseguirás nada si no das el primer paso. (Véase el cuadro «Lo que hay que hacer y lo que no hay que hacer con la procrastinación»).

Evita las interrupciones

A veces el trabajo se retrasa no por falta de motivación, sino por influencias externas. Cuando cambias de una actividad a otra —entre una tarea y un correo electrónico, o entre una tarea y una pregunta de tu jefe— necesitas energía y tiempo para «volver al redil» y terminar lo que tienes entre manos. Esas distracciones también son un impedimento para la creatividad: se pierden grandes

Mantén los buenos hábitos

LO QUE HAY QUE HACER Y LO QUE NO HAY QUE HACER CON LA PROCRASTINACIÓN

Lo que hay que hacer:

- Identificar las tareas que con mayor probabilidad vas a posponer.
- Entender por qué has pospuesto una tarea concreta.
- Utilizar los plazos para motivarte.
- Recompensarte cuando logres los objetivos.

Lo que no hay que hacer:

- Etiquetarte como una persona procrastinadora.
- Prolongar los plazos... porque sí.
- Enfrentarte por tu cuenta, sin ayuda, a tareas difíciles.

ideas antes de tener la oportunidad de desarrollarse. Además, cuando te interrumpen no puedes reflexionar de forma global sobre tu trabajo, sobre lo que podrías hacer mejor o de forma diferente. Y las interrupciones también provocan estrés. Pero quizá su mayor peligro es poner lo irrelevante por encima de lo crucial, cosa que sin duda ocurrirá si dejas tu tarea cada vez que recibas un correo electrónico.

Hay muchos factores externos que pueden distraerte de tu trabajo; el correo electrónico es uno de ellos —piensa en cómo reaccionas cuando oyes la notificación de un nuevo mensaje— y otro es la tendencia a la multitarea. (Más adelante hablaremos de ambas cosas con mayor detalle). También están las visitas de los compañeros: lo ideal en este caso, sobre todo cuando tengas una entrega inminente, es marcarles un horario fuera del cual no estarás disponible.

Por supuesto, habrá momentos en que una nueva tarea, objetivo o problema tenga prioridad sobre lo que estás haciendo. Aun así, cuando esto ocurra no cambies demasiado rápido; mejor haz una breve pausa para que tu mente y tu cuerpo sepan que vas a pasar a otra cosa. Levántate y da un paseo o haz estiramientos. Estas acciones indicarán a tu cerebro que está a punto de ocurrir algo nuevo. Luego, tras resolver la nueva petición, puedes volver a tu tarea anterior.

No dejes que el correo electrónico te controle

El correo electrónico es uno de los grandes culpables de las interrupciones y la pérdida de productividad. A estas alturas ya habrás organizado tu bandeja de entrada, lo que debería ayudarte a centrarte en los mensajes relevantes. Pero también es fundamental que gestiones bien el tiempo que gastas en los correos a medida que llegan (es decir, cuando se supone que deberías estar trabajando en otra cosa). Aquí tienes algunos consejos para evitar distraerte con los correos entrantes:

- *No tengas abierto el correo.* Así no reaccionarás de forma instintiva a cada nuevo mensaje. En vez de eso, dedica un momento, cada dos o tres horas, para revisar el correo. Y si no te parece lo bastante frecuente, hazlo cada hora. Si es necesario, añade una nota en tu firma para indicar a quienes te escriban a qué horas revisas los correos, para que te llamen si surge algo urgente.

- *Invierte no más de dos minutos.* Si puedes responder a un correo en dos minutos, hazlo; no lo archives, no lo dejes en la bandeja de entrada para revisarlo más tarde, mejor responde de inmediato. Pero si necesitas más de dos minutos, añádelo a tu lista de tareas pendientes.

- *Replantéate «responder a todos».* Si de repente estás en medio de una cadena de mensajes con diez personas más, puede que el correo electrónico no sea la herramienta más adecuada. Tal vez sea mejor convocar una reunión rápida para que todo el mundo pueda participar sin interrumpir tu trabajo una y otra vez.

- *No des respuestas innecesarias.* No hace falta cerrar todos los círculos. Aunque un rápido «así lo haré» o «gracias» parecen fórmulas útiles (y educadas), enviar mensajes de este tipo todo el día puede suponer al final una gran pérdida de tiempo. Así que antes de redactar ese correo pregúntate si es útil; si no lo es, vuelve a lo que estabas haciendo.

- *Autoorganízate.* Crea filtros para archivar de forma automática los mensajes que puedas necesitar en otro momento, pero que te distraen de tu trabajo (comunicados de la empresa, confirmaciones de reservas u otras alertas automáticas). Y archiva los relacionados con un proyecto específico para verlos todos juntos cuando sea conveniente. Por último, cancela tu suscripción a los boletines que nunca lees y que te distraen de los mensajes importantes.

Deja de hacer varias cosas a la vez

La multitarea es algo así como autointerrumpirte todo el tiempo. No puedes centrar tu atención en el trabajo si intentas hacerlo todo a la vez. He aquí tres mitos sobre la multitarea:

Mito 1: Los humanos somos capaces de hacer dos cosas a la vez. No lo somos. Así que si estás hojeando este libro mientras hablas por teléfono, deja el teléfono y repasa lo que ya habías leído. Ten claro que solo puedes hacer una cosa en cada momento.

Mito 2: La multitarea te hace más eficiente. No es así. De hecho, las investigaciones demuestran que tardarás un 25 % más de tiempo en terminar la tarea inicial una vez que te hayas puesto con otra.

Mito 3: El estrés de la multitarea aumenta tu rendimiento. Es justo lo contrario, la ansiedad reduce tu capacidad de pensar con claridad y tu creatividad; también te hace actuar de forma impulsiva. Y ese no es el comportamiento idóneo en el trabajo.

Dadas las constantes demandas de tiempo y atención que experimentamos en el día a día, no es de extrañar que las interrupciones te «secuestren» del trabajo que deberías estar haciendo. Pero en tu afán por mantener la concentración tampoco olvides recargar pilas de vez en cuando; trabajar demasiado también puede ser perjudicial para tu concentración.

Trabaja menos

No se puede mantener un nivel máximo de rendimiento todo el tiempo. Las personas rendimos más cuando alternamos momentos de trabajo intenso y otros de descanso. Así que exigirte un poco menos incrementará tu productividad, tu concentración y tu grado de compromiso. Te ofrecemos a continuación dos formas de presionarte *menos*:

- *No te saltes la hora de comer*. Y sal de la oficina, da un paseo o aprovecha ese rato para hacer ejercicio.

Queda a comer con un amigo o un colega. Así recuperarás concentración y energía para rendir al máximo el resto del día. Si no puedes salir, tómate 20 minutos para encerrarte en el despacho y meditar con los ojos cerrados. Ponte los auriculares y escucha música relajante o un pódcast que te guste. Incluso, si cuentas con un espacio adecuado, puedes echarte una pequeña siesta.

- *Dedica tiempo a pensar de forma creativa.* Resérvate un ratito cada día para hacer una lluvia de ideas, ya sea con tu equipo o a solas. Este ejercicio suele figurar siempre al final de la lista de tareas y rara vez se le destina el tiempo que merece. Y ten en cuenta que ese tiempo no solo será gratificante para ti, sino que puede dar lugar a grandes ideas que redunden en beneficios para tu empresa.

Hasta ahora has aprendido lo que puedes hacer tú para organizarte y trabajar mejor. Bien, ha llegado el momento de añadir otra variable a la ecuación: tus colegas. ¿Cómo puedes trabajar de forma más eficaz con la gente que te rodea?

Trabaja de manera eficaz con otras personas

Trabaja de manera eficaz con otras personas

Trabajar de forma productiva no siempre significa trabajar solo. A menudo tendrás que colaborar con más gente, y por una buena razón: quienes te rodean son un gran recurso para ayudarte. Por tanto, aprende a reconocer cuándo es adecuado delegar alguna tarea, y aprende a hacerlo bien; también debes saber identificar cuándo pedir ayuda.

Sin embargo, trabajar con otras personas también puede ralentizarte. En un entorno como el laboral, muchas veces te verás en la obligación de hacer algo innecesario o poco conveniente para ti, simplemente porque un colega te lo pide. Bien, tienes que saber detectar lo que no aporta valor y aprender a decir que no. Por otro lado, trabajar en equipo implica mantener muchas reuniones;

acostúmbrate a sacarles el máximo partido para reducir su frecuencia. Por último, en el mundo actual, caracterizado por el trabajo a distancia y las oficinas descentralizadas, es fundamental aprender a colaborar de manera eficaz con un equipo virtual para evitar la falta de comunicación y la merma del rendimiento.

Aprende a decir «no»

Quieres que se te conozca como alguien servicial y entusiasta, a quien se le da bien trabajar en equipo, pero al mismo tiempo debes ser capaz de filtrar la multitud de peticiones que te llegan, sobre todo si sientes que estás perdiendo de vista tus objetivos y prioridades porque los demás te arrastran en varias direcciones.

Así pues, cuando un colega te pida un favor o que te encargues de una tarea, ten en cuenta lo siguiente:

1. ¿Qué aporta a la empresa? ¿Contribuye a sus objetivos generales, o a los de tu equipo o

departamento? Si no es así, quizá no tenga sentido que aceptes el encargo.

2. ¿Qué importancia tiene para tus objetivos de rendimiento personal? Clasifícala como esencial, relevante, opcional o sin importancia. Si no es importante para tu organización o para los indicadores de éxito que tú y tu responsable habéis establecido para ti, entonces no la hagas.

3. ¿Obtienes un beneficio personal haciendo esa tarea? ¿La disfrutas o te disgusta? Si no es significativa o agradable para ti, lo más probable es que no la hagas bien, por lo que no merece la pena que la añadas a tu lista.

4. ¿Tienes tiempo para hacerla? Incluso aunque hayas respondido que sí a alguna de las preguntas anteriores, si tienes otro asunto de alta prioridad entre manos tal vez no tenga sentido que asumas este ahora mismo.

5. ¿Es algo que solo tú puedes hacer porque posees una habilidad especial o cuentas con experiencia en ese ámbito, o podría abordarlo igual de bien otra persona? En este último caso, delega la tarea.

Y ten en cuenta que, incluso si la petición te la hace tu superior, puedes plantearte estas preguntas y rechazar el encargo. Al fin y al cabo, si tus tareas y objetivos están bien definidos, podréis ver si la demanda encaja o no en ellos.

En definitiva, a veces lo mejor que puedes hacer, tanto por ti como por la empresa, es no asumir ciertas tareas que aportan poco valor, sino dedicarte a tus prioridades.

Delega

¿Te sueles quedar en la oficina cada día, cuando todo el mundo se ha marchado a casa? ¿Tienes la impresión de que eres imprescindible? ¿Otras personas se ofrecen a

Trabaja de manera eficaz con otras personas

ayudarte? Si has respondido que sí a alguna de estas preguntas, plantéate si tienes demasiadas cosas que hacer. Es posible que necesites pedir ayuda para cumplir con tu trabajo.

Si bien es cierto que el día tiene un número limitado de horas, también lo es que puedes liberar unas cuantas si delegas (o eliminas) las tareas menos relevantes de tu lista. Al hacerlo no estarás eludiendo tus responsabilidades, sino siendo más eficaz para tu empresa.

Piénsalo bien: ¿qué tareas podría hacer otra persona? Decide cuáles son y pásaselas a un colega o un subordinado. Los siguientes son los tres pasos clave para delegar con eficacia:

1. *Identifica las tareas de poco valor.* Revisa tu lista de tareas pendientes y detecta las que no sean de alta prioridad para ti o para la empresa; esas son las susceptibles de ser delegadas. Si no sabes con seguridad qué puedes delegar, habla con tu jefe.

2. *Elige a la persona adecuada.* Considera qué trabajo podrían hacer mejor tus subordinados, cada miembro de tu equipo y otros colegas. ¿Hay algo en tu lista que pueda aportar valor a otra persona?; ¿alguna tarea que pueda incrementar —o aprovechar— las habilidades de un compañero? Si lo que delegas forma parte de los objetivos de quien lo vaya a asumir, esto garantizará que el trabajo se haga. En el caso de las tareas administrativas, escoge a los miembros más jóvenes del equipo que dispongan de más tiempo para asumirlas. Luego, una vez más, trata el asunto con tu jefe para asegurarte de que has elegido a la persona adecuada.

3. *Una vez hecho lo anterior... aléjate.* La clave del éxito de delegar es ceder y dejar que otras personas determinen cómo hacer el trabajo. Demuestra que confías en tu equipo no interviniendo ni controlando excesivamente lo que hacen. En vez de eso, supervísalo a cierta distancia y permanece disponible para dar tu apoyo cuando surjan obstáculos que puedan requerir tu experiencia.

Trabaja de manera eficaz con otras personas

Una vez delegado parte de tu trabajo, decide cómo redistribuir el tiempo que te ha quedado libre. Haz una lista de dos o tres cosas que te gustaría hacer y no has podido abordar hasta ahora; trátalas como si fueran elementos de tu lista de tareas pendientes, dando los pasos descritos antes en este libro.

Si has seguido nuestras indicaciones habrás mantenido informado a tu responsable durante todo este proceso, pero para garantizar que dedicas ese nuevo tiempo disponible a lo que de verdad es importante pídele también que revise tanto lo que has delegado como aquello a lo que has reasignado el tiempo sobrante. Y solicítale que te responsabilice de ello; de lo contrario, es probable que vuelvas a los malos hábitos enseguida.

Ah, recuerda que necesitarás tiempo para aprender a delegar bien. Concédete ese margen y asume que cometerás errores. Pide a tu jefe y a tus colegas que te den su opinión para adaptarte mejor la próxima vez. (Véase el cuadro «Lo que hay que hacer y lo que no hay que hacer al delegar»).

LO QUE HAY QUE HACER Y LO QUE NO HAY QUE HACER AL DELEGAR

Lo que hay que hacer:

- **Ser consciente de cuánto trabajas, en comparación con tus compañeros.**
- **Dejar de lado las tareas que no se ajustan a tus objetivos y que podría hacer mejor otra persona.**
- **Involucrar a tu superior explicándole tu plan de delegación en detalle.**

Lo que no hay que hacer:

- **Dar a alguien una tarea y controlar excesivamente cómo la hace.**
- **Asumir que eres la única persona que puede abordar esa tarea.**
- **Pensar que siempre vas a acertar al delegar.**

Pide ayuda

A veces nos resulta difícil admitir que no sabemos hacer algo. Pero es peor cuando la propia inseguridad provoca que el trabajo se haga mal o que un proyecto se descontrole. Y es que con frecuencia hay que pedir ayuda a los demás.

En algunos casos, puede resultarte fácil identificar a quién pedir ayuda. ¿Recuerdas a esa persona a la que consultaste para saber cuánto tiempo te llevaría una tarea cuando marcabas los plazos? Bien, pues vuelve a recurrir a ella si tienes problemas una vez comenzada la tarea. O bien, si no sabes a quién preguntar, habla con tu jefe.

Una vez que sepas a quién dirigirte, plantéate cómo pedirás ayuda. Si tomas la iniciativa obtendrás mejores respuestas y con mayor rapidez.

1. *Empieza con lo que sepas.* Proporciona a tu colega la información de la que dispones, para que conozca el punto de partida y lo que necesite saber para ayudarte; esto también te hará ganar en seguridad.

2. *Fórmate una opinión.* Quizá no sepas la respuesta correcta, pero sí deberías saber por dónde te gustaría empezar, o tener un cierto plan de acción. Explícale a tu colega qué camino querrías seguir, y que te diga si le parece correcto o no, en lugar de que tenga que ocuparse de todo (lo cual le supondría más tiempo y esfuerzo que limitarse a valorar tu planteamiento).

3. *Habla de forma directa y con claridad.* Seguro que hay veces en que pides ayuda y no entiendes las sugerencias que te hacen. En casos así, vuelve a preguntar, porque quien te ayuda no sabrá si sus indicaciones son útiles si no se lo dices.

Recuerda que interactuar de forma adecuada con otras personas puede suponer una gran ventaja en la consecución de tus objetivos. Ahora bien, no siempre trabajarás cara a cara con tus colegas. Veamos ahora cómo obtener más rendimiento al coordinar una reunión.

Incrementa la productividad de las reuniones

Tanto si el objetivo de la reunión es tomar una decisión (o varias) como si es hacer una lluvia de ideas, elaborar un informe de situación o compartir ciertas informaciones, es fácil que se pierda el control y se acabe desperdiciando el tiempo. A continuación, te explicaremos cómo hacer que una reunión sea más productiva:

- *Convoca a las personas adecuadas.* Si el responsable de marketing está fuera de la oficina y no puedes tomar la decisión sin él, reprograma la reunión; de lo contrario, perderás tu tiempo y el de los demás.

- *Establece un orden del día.* Prepara un resumen de lo que se tratará en la reunión y envíalo a los asistentes con antelación (lo ideal son dos o tres días), junto con cualquier otro documento que vaya a ser necesario. Clasifica los puntos del orden del día como «para debatir», «información» o «para decidir», de modo que todo el mundo tenga claro qué se espera de los asistentes. Porque celebrar una reunión sin que la gente sepa de qué se hablará o sin que se hayan podido preparar es inútil y una pérdida de tiempo.

- *Asigna momentos para cada punto del orden del día.* Esto contribuirá a garantizar que no se va a invertir más tiempo del necesario —o del disponible— en un solo tema. Empieza por los puntos prioritarios, ya que la mayoría de la gente llega a las reuniones con una energía y un entusiasmo que van disminuyendo conforme pasa el tiempo.

- *Respeta la regla de los 90 minutos.* Muy pocas cosas se logran pasados 90 minutos. Si no es posible tratar todos los temas en ese tiempo, convoca una nueva reunión en lugar de continuar con la misma. Si la reunión se retoma en otro momento será más productiva.

La celebración de reuniones eficaces mejorará tu forma de trabajar y también la de tus colegas, ya que apreciarán el tiempo que les dedicas y todos aprenderéis buenos hábitos; eso permitirá que otras reuniones a las que asistáis sean más productivas.

Mejora la eficacia del trabajo virtual

Hoy en día, mucha gente trabaja desde casa u otro lugar fuera de la sede de la empresa. Ya sea por la lejanía de las oficinas o como resultado de los beneficios de la flexibilidad laboral, el teletrabajo se ha convertido en una parte más de nuestra vida laboral. Ahora bien, el trabajo virtual exige una comunicación clara; de lo contrario se perderá mucho tiempo resolviendo malentendidos o rehaciendo las tareas. Y es que hay mucho margen para la confusión cuando no te diriges a tus colegas cara a cara: con frecuencia no puedes ver a tu interlocutor, por lo que la información que obtienes al mirar a alguien a los ojos —y captar tanto su lenguaje no verbal como su entorno— desaparecen. Además, el tono puede ser malinterpretado y tienes que esforzarte más para asegurarte de que se te entiende.

De modo que, si formas parte de un equipo virtual, fija algunas normas de comunicación. Por ejemplo, ¿cuánto tardarás en responder a un correo electrónico? ¿Todas las llamadas del equipo se harán por Skype o por algún otro sistema de videoconferencia? Si se necesita localizar de inmediato a un miembro del equipo, ¿es preferible una llamada telefónica a un correo electrónico? Si estas normas quedan claras desde el principio, no será necesario explicar los procedimientos antes de cada reunión. Tampoco tendrás que saturar la bandeja de entrada de alguien pidiéndole una y otra vez respuesta a un mensaje que le enviaste hace 20 minutos; sabrás que se pondrá en contacto contigo en menos de una hora y podrás emplear ese tiempo en otras tareas.

Ten en cuenta, eso sí, los siguientes consejos para asegurarte de que tus comunicaciones se entienden y son eficientes:

- *Explícate.* Preocúpate por la claridad y concreción de tus mensajes. En este caso, más comunicación es mejor que menos. Si no sabes seguro que tu mensaje ha sido claro, pide a otras personas que te digan lo que han entendido y, si es necesario, redáctalo de otra forma. Por ejemplo, si necesitas respuesta en una fecha determinada, comunícalo de forma explícita. Decir simplemente «espero tu respuesta» no suena urgente. Sería mejor algo así como: «Necesito tus comentarios para última hora del jueves; así se los podré trasmitir al cliente en nuestra llamada del viernes por la mañana».

- *Responde con prontitud.* En el trabajo virtual no tienes la ventaja de saber dónde están tus colegas o qué han estado haciendo todo el día. Cuando alguien te envía un correo tal vez no sepa que has estado en una sala de conferencias durante horas, o trabajando con mucha concentración en un proyecto específico, con todas tus alarmas desactivadas; por tanto, puede suponer que tu falta de respuesta significa que su petición no es relevante para ti. Así pues, deja que tu equipo virtual sepa cuándo no estás y responde a sus correos electrónicos lo antes posible, incluso si esa respuesta consiste solo en decir que no estás disponible en ese momento, pero que volverás a ponerte en contacto pronto. De este modo pasarán menos tiempo intentando localizarte y tú te estresarás menos pensando en responder.

Trabaja de manera eficaz con otras personas

Si eres tú quien trabaja fuera de la oficina, recuerda que el teletrabajo requiere el mismo compromiso que cualquier otra modalidad; no dejes que tus nuevos y mejorados hábitos de productividad se pierdan en cuanto estés lejos de tu equipo. Todo el esfuerzo que has hecho en pro de la productividad y de colaborar bien con los demás tiene incluso más sentido cuando no trabajáis siempre cara a cara.

Evalúa tus progresos

Evalúa tus progresos

Todas estas listas de tareas pendientes, herramientas organizativas y hábitos no merecen la pena si no te ayudan a ser más eficiente. Así que dedica un tiempo cada pocos meses —o al menos una vez al año— a preguntarte si funcionan y si estás más cerca de la consecución de los objetivos personales y profesionales que te fijaste al principio del libro.

Reflexiona y corrige

Durante este período de revisión, vuelve a examinar los propósitos que definiste al comienzo del apartado «Identifica lo que hay que hacer», y pregúntate si estás en el buen camino para cumplirlos. Si todavía hay margen de mejora, examina qué herramientas están contribuyendo a tu productividad y cuáles no.

¿Utilizas tus listas de tareas o solo miras las que has introducido en tu agenda online? ¿Pierdes comunicaciones importantes y urgentes con tu equipo porque revisas el correo con muy poca frecuencia? Si detectas que una herramienta o un hábito concreto no es útil, modifícalo o descártalo. No hace falta que te quedes con el primer enfoque que pruebes; la cuestión es encontrar lo que te funciona a ti.

Y ten en cuenta que las cosas también se desorganizan después de haberlas organizado. Así que es buena idea que dediques un rato —cada cuatro o seis meses— a reajustar tu sistema de archivo, tus correos electrónicos y tus listas de tareas; asegúrate de que todo sigue estructurado según el método que diseñaste al principio. Siempre es bueno hacer una limpieza general y empezar de nuevo.

Por otra parte, fíjate en tus pequeños éxitos, aunque no se reflejen en la gráfica de resultados de la empresa;

en cualquier caso, serán una muestra de que algunos de los cambios aplicados a tu forma de trabajar han mejorado tu productividad. Por ejemplo, no pasa nada si en la bandeja de entrada tienes ahora una docena de mensajes en lugar del cero que había cuando configuraste por primera vez tus carpetas y filtros. ¿Recuerdas que hace cuatro meses tenías más de doscientos mensajes? Esto es un verdadero logro. Observa qué funciona mejor de tu sistema de organización y, si necesitas hacer pequeños ajustes, permítete introducir alguna variación.

Por último, prevé la obsolescencia. Las herramientas y los sistemas de gestión se actualizan y desaparecen, sobre todo los digitales. Y, lo mismo que la tecnología cambia, también lo harán tus preferencias. Así que asúmelo y prepárate para ello utilizando software que te permita exportar los datos, para no perder nunca información. También puedes pasar de hacer una lista en papel a elaborar una online, o viceversa. Este tipo de cambios es normal, siempre y cuando te ayude en tu trabajo.

Recuerda también que no hay una sola manera de hacer las cosas; usa tu creatividad y asegúrate de que tu sistema funciona. Acepta, además, el hecho de que actúas de una manera determinada y que ciertas cosas que funcionan para ti pueden no hacerlo para otras personas. Quizá prefieras revisar tu sistema de organización como parte de la «limpieza de primavera», o bien el 1 de enero, porque así te recargarás de energía para afrontar el año nuevo; cualquier opción es adecuada, lo básico es tener un sistema y revisarlo cada cierto tiempo.

Así mismo, tendrás que prepararte para que se planteen desafíos a tu enfoque y a tus nuevos hábitos; esto mantendrá alto tu nivel de productividad y mejorará tu forma de trabajar y la de los colegas con quienes colabores. Porque el establecimiento de procesos para identificar tareas relevantes, programarlas y hacer cambios en pro de un mayor rendimiento son solo los primeros pasos; si revisas estos procesos y los adecúas con frecuencia, no solo trabajarás de una forma más eficaz, sino que también vivirás de una forma más productiva.

Para saber más

Libros

Allen, David. *Organízate con eficacia: El arte de la productividad sin estrés*. Madrid: Empresa Activa, 2015.

El veterano *coach* y consultor de gestión David Allen comparte sus métodos para rendir sin estrés, basados en la noción de que la productividad es directamente proporcional a la capacidad de relajación. Este clásico del género muestra a los lectores cómo aplicar la regla de «hazlo, delega, aplaza, déjalo» para vaciar bandejas de entrada de correo electrónico, reevaluar los objetivos, mantener la concentración, planificar proyectos y superar los sentimientos de confusión y ansiedad.

Halvorson, Heidi Grant. *Los 9 secretos de la gente exitosa*. Barcelona: Reverté Management, 2021.

Según la autora, Heidi Grant Halvorson, las personas que alcanzan sus objetivos lo consiguen por lo que hacen, no solo por lo que son. En este breve libro, práctico y basado en la investigación al respecto, explica con exactitud qué estrategias tienen mayor impacto en el rendimiento, incluyendo el establecimiento de objetivos específicos, el uso de la planificación «si…, entonces…» y el seguimiento de los progresos.

Para saber más

Harvard Business School Publishing. *HBR Guide to Getting the Right Work Done*. Boston: Harvard Business Review Press, 2012.

Profundiza en las tácticas de productividad más allá de esta guía de 20 minutos, con un mayor número de procedimientos prácticos y ejemplos de hábitos. Incluye temas como el establecimiento de prioridades en el trabajo, la determinación de lo que es urgente, la delegación eficaz, la renovación de la energía y el desarrollo de buenos hábitos laborales.

Harvard Business School Publishing. *Managing Time*. Boston: Harvard Business Review Press, 2014.

Mientras que *Cómo ser más productivo* recorre algunos aspectos básicos de la gestión del tiempo, así como ciertos consejos y trucos para incrementar la productividad, *Managing Time* se centra más en métodos probados para la gestión del tiempo y de la agenda. Además de lo que se incluye en este libro, los lectores aprenderán, por ejemplo, cómo volver a encarrilar una agenda desorganizada y cómo reasignar el tiempo para cumplir los objetivos.

Samuel, Alexandra. *Work Smarter, Rule Your Email*. Boston: Harvard Business Review Press, 2014.

Alexandra Samuel sostiene que, al reducir el tiempo que se dedica al correo electrónico, los lectores de su libro podrán centrarse en las tareas importantes. Las herramientas de filtrado del gestor de correo electrónico pueden encargarse de la pesada labor de limpiar una bandeja de entrada sobrecargada. En este breve libro electrónico se explica cómo configurar dichas herramientas.

Artículos y publicaciones periódicas

Birkinshaw, Julian; y Cohen, Jordan. «Make Time for the Work That Matters». *Harvard Business Review*, septiembre de 2013 (recurso #R1309K).

Este artículo presenta un ejercicio diseñado para ayudar a los lectores a implantar cambios pequeños pero significativos en su cronograma de trabajo y así aumentar la productividad.

«Find Your Focus: Get Things Done the Smart Way». HBR *OnPoint*, noviembre de 2013 (recurso #OPWI13).

Este número de HBR *OnPoint* ayuda a los lectores a repensar y gestionar su tiempo para maximizar la productividad y la eficacia.

Pozen, Robert C. «Managing Yourself: Extreme Productivity». *Harvard Business Review*, mayo de 2011 (recurso #R1105K).

En este artículo, el profesor titular de la Harvard Business School, Robert Pozen, presenta seis principios y prácticas para maximizar la productividad personal sin sacrificar la salud o la vida familiar. Todos ellos han sido extraídos de sus publicaciones en el blog HBR.org.

Recursos online

«Boost Your Productivity with Microbreaks». HBR.org, Ideacast. 5 de abril de 2012. http://blogs.hbr.org/2012/04/boost-your-productivity-with-m/

Para saber más

Según la investigación en este ámbito, las pausas pueden contribuir a la productividad, siempre que sean las adecuadas. En esta entrevista con Charlotte Fritz, profesora de la Universidad Estatal de Portland, se define qué pausas te aportarán energía y cuáles, en cambio, te harán perder interés.

«Develop Productivity Rituals». HBR.org, vídeo, 3 de enero de 2012. http://blogs.hbr.org/2012/01/develop-product ivity-rituals/

Tony Schwartz, presidente y director general de The Energy Project, enumera los cuatro hábitos principales que lo ayudan a ser más productivo, tomando como ejemplo las ideas de otras personas que han conseguido cumplir con sus obligaciones sin dejar de tener una vida. ¿Su secreto? Establecer protocolos de actuación.

«Find Time to Achieve Your Vision». HBR.org, Slideshow. http://hbr.org/web/slideshows/find-time-to-achieve-your-vision/1-slide

Esta presentación, basada en el libro de Robert Steven Kaplan *What to Ask the Person in the Mirror: Critical Questions for Becoming a More Effective Leader and Reaching Your Potential*, ofrece un proceso para ayudar a centrarse en las propias prioridades haciéndose preguntas clave.

Fuentes

Fuentes generales

Bielaszka-DuVernay, Christina. «The Dangers of Distraction». HBR.org, 19 de enero de 2009. http://blogs.hbr.org/2009/01/pay-attention-an-interview-wit/

DeLong, Thomas J. *Flying Without a Net: Turn Fear of Change into Fuel for Success*. Boston: Harvard Business Review Press, 2011.

DeMaio, Steven. «How to Train Your Pet Peeve». HBR.org, 5 de octubre de 2009. http://blogs.hbr.org/2009/10/how-to-train-your-pet-peeve/

Dutta, Soumitra. «What's Your Personal Social Media Strategy?». *Harvard Business Review*, noviembre de 2010 (recurso #R1011L).

«Find Time to Achieve Your Vision». HBR.org, Slideshow. http://hbr.org/web/slideshows/find-time-to-achieve-your-vision/1-slide

«Find Your Focus: Get Things Done the Smart Way». HBR *OnPoint*, noviembre de 2013 (recurso #OPWI13).

Goleman, Daniel. «What Makes a Leader?». *Harvard Business Review*, enero de 2004 (recurso #R0401H).

Fuentes

Goleman, Daniel; Boyatzis, Richard; y McKee, Annie. *Primal Leadership: The Hidden Driver of Great Performance*. Boston: Harvard Business Review Press, 2013.

Groysberg, Boris; y Abrahams, Robin. «Manage Your Work, Manage Your Life». *Harvard Business Review*, marzo de 2014 (recurso #R1403C).

Hammerness, Paul, MD; y Moore, Margaret. «Train Your Brain to Focus». HBR.org, 18 de enero de 2012. http://blogs.hbr.org/2012/01/train-your-brain-to-focus/

Harvard Business School Publishing. *HBR Guide to Getting the Right Work Done*. Boston: Harvard Business Review Press, 2012.

Harvard Business School Publishing. *Managing Time*. Boston: Harvard Business Review Press, 2014.

Kaplan, Robert Steven. *What to Ask the Person in the Mirror: Critical Questions for Becoming a More Effective Leader and Reaching Your Potential*. Boston: Harvard Business Review Press, 2011.

Katz, Robert L. «Skills of an Effective Administrator». *Harvard Business Review*, septiembre de 1974 (recurso #74509).

McGinn, Daniel. «Being More Productive». *Harvard Business Review*, mayo de 2011 (recurso #R1105D).

Pozen, Robert C; y Fox, Justin. «Pozen on Personal Productivity». HBR.org, 14 de marzo de 2011. http://blogs.hbr.org/2011/03/pozen-personal-productivity/

Samuel, Alexandra. «Stop Using Your Inbox as a To-Do List». HBR.org, 7 de marzo de 2014. http://blogs.hbr.org/2014/03/stop-using-your-inbox-as-a-to-do-list/

Samuel, Alexandra. *Work Smarter, Rule Your Email*. Boston: Harvard Business Review Press, 2014.

Schwartz, Tony. «The Productivity Paradox: How Sony Pictures Gets More Out of People by Demanding Less». *Harvard Business Review*, junio de 2010 (recurso #R1006C).

«Test Yourself: Are You Headed for an Energy Crisis?». HBR.org, Assessment. http://hbr.org/web/tools/2008/12/manage-energy-not-time

«Vision Statement: The Multitasking Paradox». *Harvard Business Review*, marzo de 2013 (recurso #F1303Z).

Fuentes adicionales, por capítulos

¿Por qué deberías invertir tiempo en incrementar tu productividad?

David, Susan. «Don't Sabotage Yourself». HBR.org, 29 de mayo de 2012. http://blogs.hbr.org/2012/05/dont-sabotage-yourself/

Identifica lo que hay que hacer

Drucker, Peter. *Managing Oneself*. Boston: Harvard Business School Press, 2008.

Ghoshal, Sumantra; y Bruch, Heike. «Reclaim Your Job». *Harvard Business Review*, marzo de 2004 (recurso #R0403B).

Samuel, Alexandra. «A 7-Step Process to Achieving Your Goals». HBR.org, 6 de enero 2012. http://blogs.hbr.org/2012/01/the-7-step-process-to-achieving-your-goals/ Planifica el trabajo

Planifica el trabajo

Bregman, Peter. «A Better Way to Manage Your To-Do List». HBR.org, 24 de febrero de 2011. http://blogs.hbr.org/2011/02/a-better-way-to-manage-your-to/

Bregman, Peter. «What to Do With Your To-Do List». HBR.org, 2 de marzo de 2011. http://blogs.hbr.org/2011/03/what-to-do-with-your-to-do-lis/

Carr, Nicholas G. «Curbing the Procrastination Instinct». *Harvard Business Review*, octubre de 2001 (recurso #F0109C).

Halvorson, Heidi Grant. «Here's What Really Happens When You Extend a Deadline». HBR.org, 19 de agosto de 2013. http://blogs.hbr.org/2013/08/heres-what-really-happens-when/

Moore, Don A. «Deadline Pressure: Use It to Your Advantage». *Negotiation*, agosto de 2004 (recurso #N0408A).

Pratt, George. «Deadlines... Get It Done or Get It Done Right?». HBR.org, 18 de abril de 2007. http://blogs.hbr.org/2007/04/deadlinesget-it-done-or-get-it/

Encuentra tu sitio

«Boost Your Productivity with Social Media». HBR.org, Ideacast, diciembre de 2012. http://blogs.hbr.org/2012/12/boost-your-productivity-with-s/

Fuentes

Bregman, Peter. «The Value of Ritual in Your Workday». HBR.org, 8 de diciembre de 2010. http://blogs.hbr.org/2010/12/the-value-of-ritual-in-your-wo/

DeMaio, Steven. «The Art of the Self-Imposed Deadline». HBR.org, 25 de marzo de 2009. http://blogs.hbr.org/2009/03/the-art-of-the-selfimposed-dea/

«Develop Productivity Rituals». HBR.org, vídeo, 3 de enero de 2012. http://blogs.hbr.org/2012/01/develop-productivity-rituals/

Pozen, Robert C. «Boring Is Productive». HBR.org, 19 de septiembre de 2012. http://blogs.hbr.org/2012/09/boring-is-productive/

«Rely on Routines to Free Your Mental Energy». *Harvard Business Review Management Tip*, 17 de febrero de 2014. http://hbr.org/tip/2014/02/17/rely-on-routines-to-free-your-mental-energy

Schwartz, Tony. «A 90-Minute Plan for Personal Effectiveness». HBR.org, 24 de enero de 2011. http://blogs.hbr.org/2011/01/the-most-important-practice-i/

Schwartz, Tony. «The Only Way to Get Important Things Done». HBR.org, 24 de mayo de 2011. http://blogs.hbr.org/2011/05/the-only-way-to-get-important/

Trapani, Gina. «Organize Your Workspace for Maximum Productivity». HBR.org, 1 de junio de 2009. http://blogs.hbr.org/2009/06/organize-your-workspace-for-ma/

Fuentes

Mantén los buenos hábitos

«Boost Your Productivity with Microbreaks». HBR.org, Ideacast, 5 de abril de 2012. http://blogs.hbr.org/2012/04/boost-your-productivity-with-m/

Bregman, Peter. «The Unexpected Antidote to Procrastination». HBR.org, 10 de mayo de 2013. http://blogs.hbr.org/2013/05/the-unexpected-antidote-to-pro/

Halvorson, Heidi Grant. «How to Make Yourself Work When You Just Don't Want To». HBR.org, 14 de febrero de 2014. http://blogs.hbr.org/2014/02/how-to-make-yourself-work-when-you-just-dont-want-to/

«Reward Yourself by Doing the Tasks You Hate». *Harvard Business Review Management Tip*, 1 de noviembre de 2012. http://hbr.org/tip/2012/11/01/reward-yourself-for-doing-the-tasks-you-hate

Schwartz, Tony. «Four Destructive Myths Most Companies Still Live By». HBR.org, 1 de noviembre de 2011. http://blogs.hbr.org/2011/11/four-destructive-myths-most-co/

Trabaja de manera eficaz con otras personas

Birkinshaw, Julian; y Cohen, Jordan. «Make Time for the Work That Matters». *Harvard Business Review*, septiembre de 2013 (recurso #R1309K).

Gallo, Amy. «Why Aren't You Delegating?». HBR.org, 26 de julio de 2012. http://blogs.hbr.org/2012/07/why-arent-you-delegating/

Jay, Antony. «How to Run a Meeting». *Harvard Business Review*, marzo de 1976 (recurso #76204).

Fuentes

Saunders, Elizabeth Grace. «How Office Control Freaks Can Learn to Let Go». HBR.org, 23 de octubre de 2013. http://blogs.hbr.org/2013/10/how-office-control-freaks-can-learn-to-let-go/

«Three Steps for Asking for Help without Looking Stupid». *Harvard Business Review Management Tip*, 26 de enero de 2010. http://hbr.org/tip/2010/01/26/three-steps-for-asking-for-help-without-looking-stupid

Índice

ayuda, pedir y obtener, 55-56, 75-77

bandeja de entrada
  correo electrónico, 43, 44
  física, 41

calendarios
  poner plazos en el, 27-28
  priorización y, 30
cambio, comprometerse con el, 5, 7
cancelar tareas, 31, 71
categorización de tareas, 14-15
  delegar y, 24-25
  por urgencia/importancia, 22-25
colaboración, 67-83
comida, hora de la, 62-63
comidas, planificación, 48

comodidad, organizar el lugar de trabajo, 41
compromiso personal, 5, 7, 83
comunicación
  claridad en la, 81-82
  con equipos, 68-70, 79-83
  trabajo a distancia y, 68, 79-83
  urgente v. importante, 22-25
concentración
  entender las distracciones y, 53
  interrupciones y, 56-63
  intervalos de 90 minutos y, 47, 79
  pausas y, 62-63
  procrastinación y, 53-56
  recompensas como ayuda para la, 55
confianza, delegar y, 72
control del tiempo, 13-17

Índice

control excesivo, 72, 74
correo electrónico
  cerrar el, 59-60
  como interrupción, 58, 59-61
  establecer normas en los equipos, 81-82
  evaluación del progreso con el, 88
  evitar los innecesarios, 61
  filtros para el, 61
  gestor de tareas, 44-45
  interrupciones, 58, 59-61
  organización, 42-45
  replantearse el «responder a todos», 60
  urgente v. importante, 22-23
  ventajas y desventajas, 42-43
Covey, Stephen, 23-24
creatividad, 56, 64
crecimiento personal, actividades de, 14
crisis, 14, 23

decir que no, 67, 68-70
delegar, 24, 32, 70-74
  aprender a, 73
  lo que hay que hacer y lo que no, 74

descanso, 48, 58-59, 62-63
desorden, acabar con el, 40, 41
distracciones, 40, 42-43, 53, 58, 61
dormir, rituales para, 48

eficiencia, multitarea y, 62
ejercicio, necesidad de, 62-63
entorno, 39-49
entorno, organizar el, 39-45, 49
  correo electrónico, 42-45
  espacio y equipamiento, 39-42
equipos virtuales, 68, 79-83
espacio, organización del, 39-42
estrés, de la multitarea, 62-63
evaluación del progreso, 87-90

fracaso, procrastinación y miedo al, 56

gestión de personas, actividades de, 14
gestión del tiempo, beneficios de mejorar la, 3-7
gestor de tareas, 44-45

Índice

hábitos, mantener los buenos, 53-64
  interrupciones y, 56-63
  procrastinación y, 53-56, 57
  trabajar menos, 62-63
hoja de cálculo, para controlar el tiempo, 15-16
hora de la comida, 62-63
horario no disponible, establecer, 58

interrupciones, 56-63
  correo electrónico, 58, 59-61
  multitarea y, 62-63
intervalos de 90 minutos, trabajar en, 47-48, 79

lista de pendientes, 32-35
  anotaciones en la, 34
  evaluación del progreso con la, 88
  intervalos de 90 minutos y, 47
  repasarla cada día, 48
  tareas de poco valor en la, 71-72
  tareas específicas en la, 32-33
lluvia de ideas, tiempo para la, 64
logro, sensación de, 29, 35

material de oficina, organización, 41
misión, ajustar los objetivos a la, 11-12
motivación, 35
  plazos y, 27-28, 57
  procrastinación y, 53-56
multitarea, 58, 62-63
  estrés de la, 62-63
  interrupciones y, 62-63

niveles de energía, 29, 47

objetivos, 3
  ajustar el trabajo a los, 11-17
  categorización de tareas y, 15
  decir que no a trabajos incoherentes, 68-70
  delegar tareas que tienen otros, 72
  enumerar los, 11-12
  formular los, 11-12
  personales, 5, 7
  priorización y, 5, 7
  profesionales, 12
  revisión de los, 87-90
objetivos profesionales, 12
orden del día, 78

105

Índice

organización
  del correo electrónico, 42-45
  del espacio y el equipamiento, 39-42
  rutinas para la, 45-49

pasar la noche en vela, 54-55
pausas, 58-59, 62-63
pendientes. *Véase* lista de pendientes
planificación, 3-4, 21-35
  agrupar tareas, 29
  correo electrónico, 59-60
  de comidas y vestuario, 48
  de reuniones, 77-79
  establecer prioridades y, 21-25
  intervalos de 90 minutos y, 47, 79
  lista diaria de pendientes, 32-35
  posponer tareas y, 30-32
  según el nivel de energía, 29
  tareas delegadas y, 73
  usar plazos en la, 24, 25-28
  Véase también programación
plazos
  en el calendario, 27-28
  en la lista de pendientes, 34
  evitar la procrastinación y, 54-55, 57
  intermedios, 26
  presión y, 27
  realistas, 27-28
  utilizarlos a tu favor, 25-28
priorizar tareas, 3, 11-12, 21-25
  en la lista de pendientes, 34
  planificación basada en, 21-25
  según los objetivos, 12
procrastinación, 27-28, 53-56, 57
  y miedo al fracaso, 56
  lo que hay que hacer y lo que no, 57
  plazos y, 27-28
productividad
  herramientas y tecnología, 89
  identificar prioridades, 11-17
  razones para invertir tiempo en mejorar la, 3-7
  reuniones y, 77-79
  según el momento del día, 29
  sistemas de evaluación de la, 87-90
  y estar ocupado, 5-6
programación
  de tareas, 28-32

Índice

lista diaria de pendientes, 32-35
usar plazos en la, 24, 25-28
Véase también planificación
progreso
evaluación del, 87-90
seguimiento del, 3, 87-90
según los objetivos, 12
tareas delegadas y, 73
proyectos, dividirlos en tareas, 26-27

recompensas, 34, 55, 57
registrar tu trabajo, 3, 15-17
rendimiento
establecer objetivos, 11-12
evaluación periódica del, 87-90
responsabilidad personal, 55-56, 73
responsabilidades principales, 14
reuniones, 67-68, 77-79
riesgo, miedo al, 56
rituales, 45-49
rutinas, 45-49

seguimiento
del progreso, 3, 12, 87-90
del tiempo, 13-17

tareas
anotarlas para controlar el tiempo, 13-15
categorización de, 14-15
dividir proyectos en, 26-27
Véase también categorización de tareas
tareas administrativas, 15
tiempo, control del, 13-17
tiempo libre, control, 14
toma de decisiones, rutinas y, 45-49
trabajar con otros, 67-83
de forma virtual, 79-83
decir que no y, 67, 68-70
delegar y, 70-74
pedir ayuda y, 75-77
reuniones y, 77-79
trabajo, que aporta valor, 68-69, 71-72
trabajo a distancia, 79-83
urgencia
categorización de tareas por, 22-25
frente a importancia, 22
sentido de la, 5-6

vestuario, planificación, 48

Notas

Notas

Notas

Notas

Notas

Notas

Notas

Notas

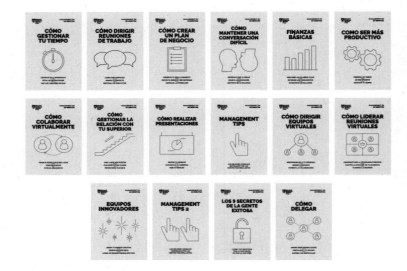

Serie Management en 20 minutos
Harvard Business Review

La Serie Management en 20 Minutos de HBR te permitirá ponerte rápidamente al día sobre las habilidades de gestión más esenciales. Ya sea que necesites un curso intensivo o un breve repaso, cada libro de la serie es un manual conciso y práctico que te ayudará a repasar un tema clave de management. Consejos que puedes leer y aplicar rápidamente dirigidos a profesionales ambiciosos, procedentes de la fuente más fiable en los negocios

Con la garantía de **Harvard Business Review**

Disponibles también en formato **e-book**

Solicita más información en revertemanagement@reverte.com
www.revertemanagement.com
@revertemanagement

Serie Inteligencia Emocional
Harvard Business Review

Esta colección ofrece una serie de textos cuidadosamente eleccionados sobre los aspectos humanos de la vida profesional. Mediante investigaciones contrastadas, cada libro muestra cómo las emociones influyen en nuestra vida laboral y proporciona consejos prácticos para gestionar equipos humanos y situaciones conflictivas. Estas lecturas, estimulantes y prácticas, ayudan a conseguir el bienestar emocional en el trabajo.

Con la garantía de **Harvard Business Review**

Participan investigadores de la talla de
Daniel Goleman, Annie McKee y **Dan Gilbert**, entre otros

Disponibles también en formato **e-book**

Solicita más información en revertemanagement@reverte.com
www.revertemanagement.com
@revertemanagement

Gracias

REM
REVERTÉ MANAGEMENT